JN411124

걷는다는 것

서정문학대표시선 · 56

걷는다는 것

초판 1쇄 발행 | 2020년 2월 26일

저　　자 | 이영권

편　　집 | 디자인그룹 여우비
펴 낸 곳 | 도서출판 서정문학
펴 낸 이 | 차영미
주　　소 | 서울시 강동구 성안로31다길 8(천호동), 101호
전　　화 | 02-720-3266　F A X | 02-6442-7202
홈페이지 | http://cafe.daum.net/seojungmunhak.com
이 메 일 | sjmh11@hanmail.net
등　　록 | 2008. 3. 10 제324-2014-000060호

ISBN 978-89-94807-87-4 03810
정가 10,000원

이 도서의 국립중앙도서관 출판예정도서목록(CIP)은 서지정보유통지원시스템 홈페이지(http://seoji.nl.go.kr)와 국가자료종합목록 구축시스템(http://kolis-net.nl.go.kr)에서 이용하실 수 있습니다. (CIP제어번호 : CIP2020005491)

서정문학대표시선 · 56

걷는다는 것

이영권 시집

서정문학

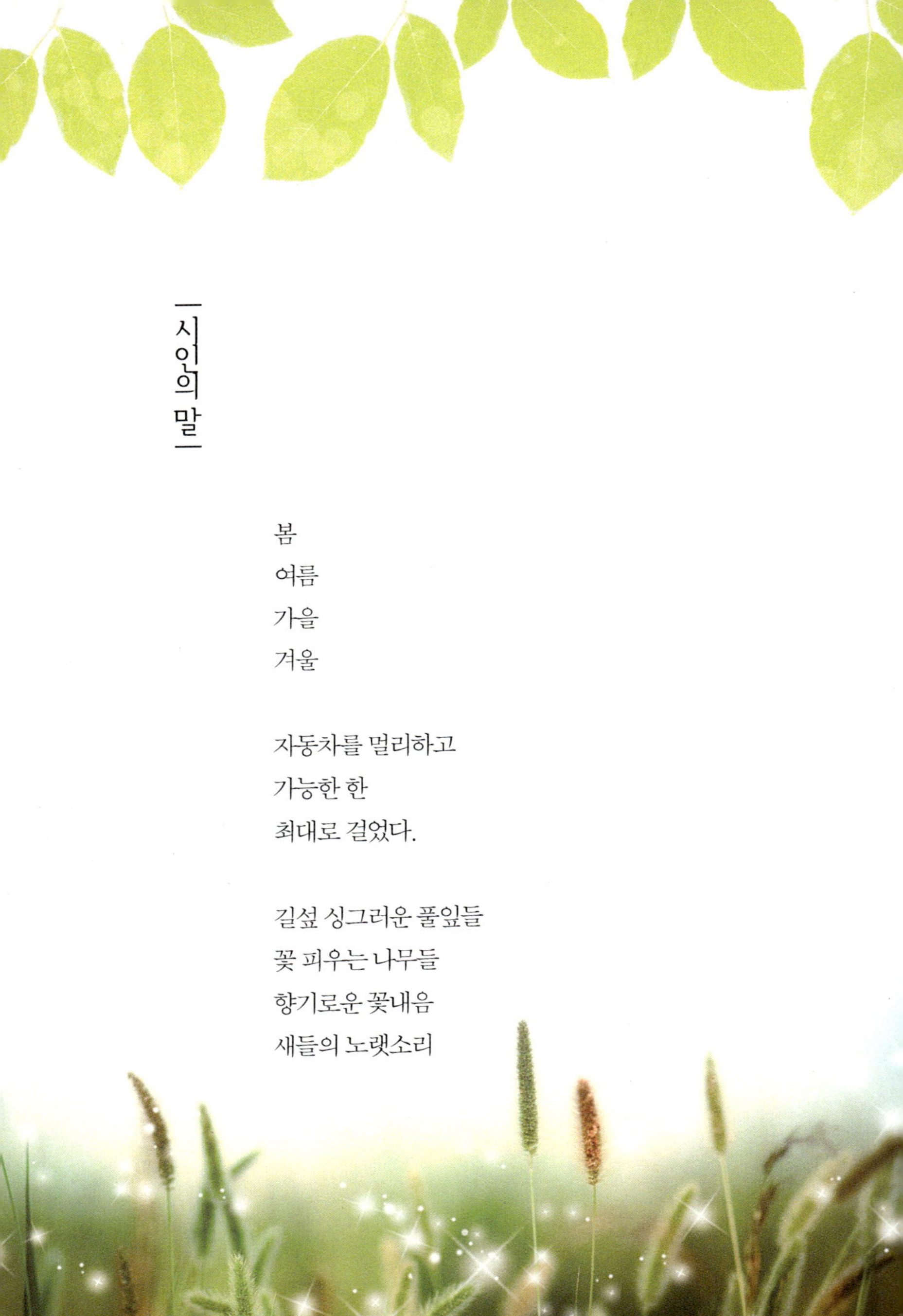

시인의 말

봄
여름
가을
겨울

자동차를 멀리하고
가능한 한
최대로 걸었다.

길섶 싱그러운 풀잎들
꽃 피우는 나무들
향기로운 꽃내음
새들의 노랫소리

물속 물고기들과의 눈 맞춤
떠도는 구름과 하늘
눈과 비가 만드는 풍광
스쳐 지나가는 바람의 손길
사람들과의 부대낌

세상이
나에게로 다가왔다.

2019년 늦은 가을날에

이영권

| 목차 |

제2부 **여름**

제3부 가을

제4부 **겨울**

제5부 그리고

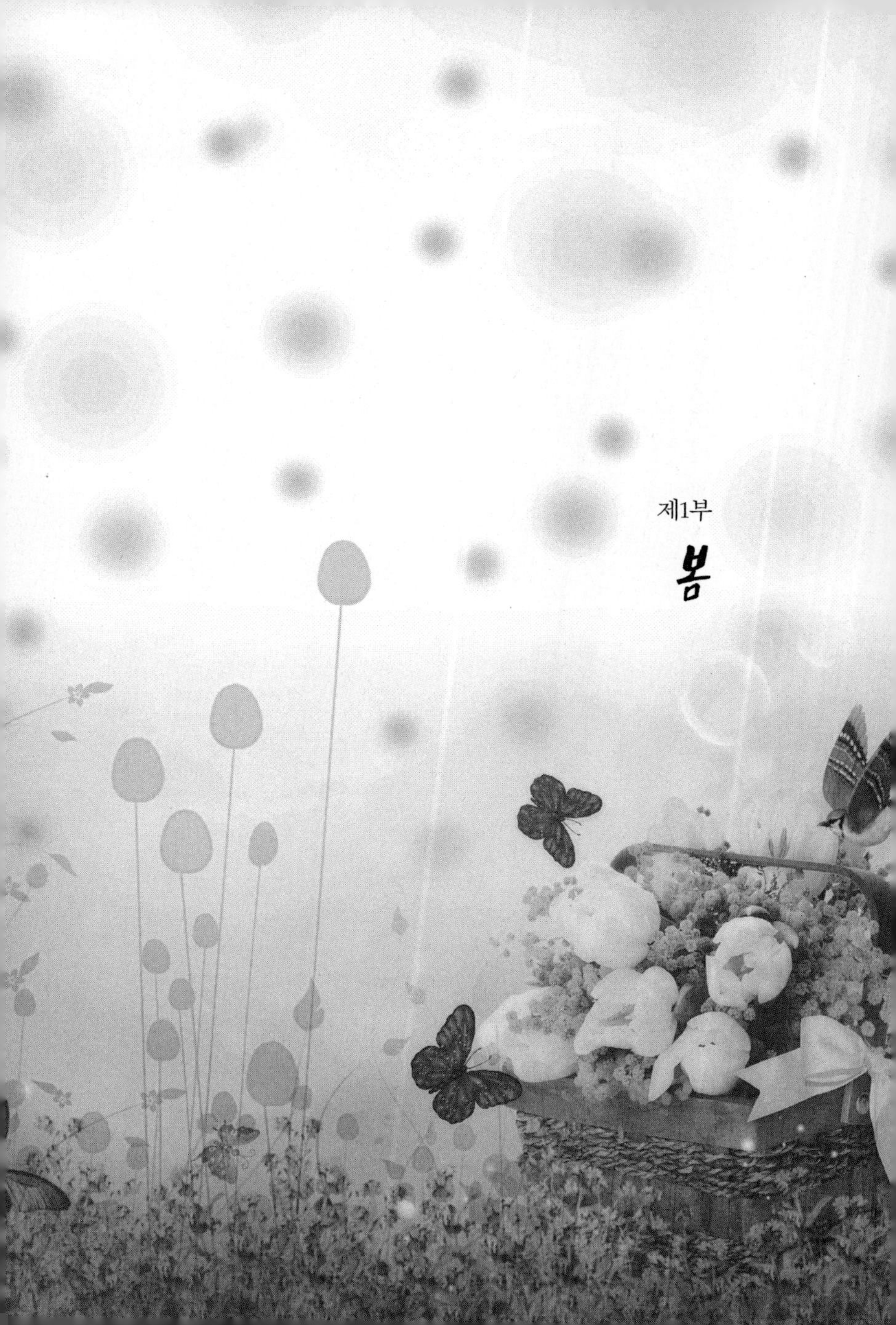

제1부 봄

걸어가는 행복

한 걸음 한 걸음 옮길 때마다
한 발씩 한 발씩 다가와 지나가는
산과
하늘과
구름과
바람과
나무와
풀꽃과
사람들 그리고 도시, 그 사이

포로록 포록 참새들 나는
하늘하늘 금계국 위로 나비가 나는
졸졸졸 개울이 만나 강으로 흘러가는
여울목, 외가리 물고기 잡는
잠수교 아래 시냇물 거슬러 헤엄치는
잉어들, 지나가는 행인들 바라보는
길고양이, 눈치 보며 어슬렁 어슬렁

그림자, 앞서거니 뒤서거니 헐렁하게 흔들리는

시선은 자유롭고
시시때때로 바뀌는 수백의 얼굴들
삶의 행복이 부푼다

꽃향기

볼 수 없지만 보지 않고도
가까이 있다는 것을 알고 있어
어디 있는지 잠시 두리번거리면
보이지 않는데도 자꾸만
여기 있다고 소리치듯 바람에 실려 왔어
하늘을 열었다는 신호일거야
옆을 지나던 발길을 멈추고
여기 있으니 봐달라는 바람일거야
겉모습만으로는 부족하다며 세상을
눈 감고도 느낄 수 있게 하는 마음일 거야
물결처럼 파장을 이루며 주위를 휘돌아
여울을 만들다 또 어디론가 흘러가겠지
멀리 가지는 못하겠지만
나비 부르기는 충분해 나풀나풀
나비들은 저들만의 신호를 따라
꼬불꼬불 난 길을 사뿐사뿐 날아서 올 거야
나비를 보면 언뜻언뜻

네가 오는 길이 보이는 것 같아
한참을 우두커니 바라보곤 하였지
너는 언제나 누구에게나
메마른 감성 일깨우는 유혹의 페로몬
네가 있어 세상은 향기로워
보이지 않아도 느낄 수 있어
내 곁에 네가 있음을

나무의 아침식사

이른 아침 출근길

나무가
한 모금 후루룩
한 무리 참새 떼를
빨아들이고

쩝쩝쩝
목울대처럼 출렁이다가
잠시
잠잠해지더니

하나
둘
셋

나무는

포도씨처럼

포

포

포

참새를

뱉어내고 있다

낙화落花

꽃이 진다 슬퍼 마라
세월 간다 서러워 마라

더 많은 눈물이 기다리고
삶은 그렇게
아픔으로 시작되는 것

모든 것은 결실로 기억 되리니
결별이 없는 결실이 또 어디 있으랴

꽃이 진다 슬퍼 마라
세월 간다 서러워 마라

꽃잎도 세월도 한 번 떠나
돌아오지 않는 것은
바로 지금 이 순간
결실을 꿈꾸어 숙성해야 하나니

등나무

내가 걸어온 길은 온통 뒤틀려 있고
찬란한 희망의 봄날을 맞아도
온몸을 뒤틀어야 너에게 갈 수 있다

세상이 뿌리부터 뒤틀려 있어도
애써 똑바른 척 위선을 보이지만
뒤틀린 나를 굳이 숨기고 싶지는 않다

느리고 볼품 없이 기둥 칭칭 감고 올라도
결국에는 너의 처마를 둘러 주렁주렁
탐스런 연보라 꽃잎들 향기 뿜어 다가가리

놀이터

하루 어느 때건 놀이터를 지나치는 것은 짠한 아픔이다

아파트가 바람을 가리고 구름을 가리고 해를 가리고 자기 집보다 더 좁은 하늘아래 빠끔히 남겨진 놀이터 그 바닥소재에 발암물질이 있다거나 어느 낮 검은 아저씨가 한 아이를 꾀어갔다거나 나이 지긋하신 한 어르신이 여자아이 볼을 만졌다거나 엉덩이를 주물렀다거나 학원 때문에 놀 시간이 없다는 등 등의 말이 퍼지면서 놀이터는 구름과 바람만 놀다 가는 버려진 자전거 같았지

하루란 그렇게 짧은 시간이 아닌데 아이들에겐 자기 또래가 있어 행성에서의 하루는 더욱 짧은데 그림자 밟기 놀이를 할 때면 태양조차도 하루가 어떻게 가는지 모르는데 태양은 그림자를 볼 수 없고 그림자는 태양을 볼 수 없잖아

세상이 달라져도 너무 달라졌어 나 몰라라 키운 부모가 원망스러웠을까 태양이 장독 뒤로 숨고 동산에 떠오는 달이 독 안을 비출 때도 찾지 않던 어린 시절, 그것은 이제 전설일 수밖에 그래도 돌이켜보면 풀벌레가 장난감이고 두꺼비 집이 동요가 되었던 그때엔 행복했던 아이들 이제 박물관에서나 보고 들을 수 있는 것이 세월 탓만은 아닐 터 어른들만 행복한 세상은 이제 그만, 그만 할 수 없을까

놀이터를 그냥 지나치는 유치원 아이의 백팩이 너무 무거워 보인다

도시의 가로수

누가 또 나의 가지를 자르는가
한 해 전에 잘렸던 곳을 간신히 추슬러
새 봄에는 더 높은 하늘에 닿겠다
부푼 가슴을 한껏 내밀어 보았지만 어김없이
다가온 봄은 또 나에게 이렇게도 잔인하다
빌딩 유리창에 비친 내 모습, 흡사
군대 가는, 청춘이 깎여버린 젊음처럼
엉성하고 멍하게 꼼짝없이 줄지어 서 있다
무한히 넓어 보이는 저 하늘이
저의 영토를 쉽사리 내어주지 않는 것은
내 몸에 생긴 수많은 옹이가 말해주듯
내 봄은 하늘 향해 뻗어가는 가지마다
누군가의 구미에 맞게 잘려지고 잘려졌다는 것
잘릴 때마다 더 많은 싹을 틔워
삶의 열정을 피워보았지만
어느 높이와 어느 폭을 넘어설 수는 없었지
이 도시에서 야성은 불확실하고 위험한 것이야

무엇이든 확실하고 안전하게 길들여야해
통제 가능하게 우리가 우리로 살려면
하늘을 찌를 듯 제멋대로 크던 나는
하늘에 함부로 닿아 일 낼 것 같던 나는
옴 자국 같은 옹이들 쓰다듬으며
남은 야성이나마 보듬어 달랠 수밖에
나 하나 아파도 다른 누군가의 삶에
신선한 바람이 되고 시원한 그늘이 되고
회색의 도시에 초록의 신선함을 줄 수만 있다면
즐거운 아픔이 될 수도 있겠지

봄

너는 저 앞산을 넘어왔겠지
너는 저 앞산의 앞산을 넘어왔어
너는 그 앞산 너머
언 강을 녹이며 황량한 들판을 가로질러
그 앞산의 앞산도 넘었을 거야 아니
너는 그것보다 훨씬 더 멀리에서
내가 북풍 찬바람에 떨고 있을 때부터
나에게로 오고 있었던 거야
너의 가벼운 입김에 새싹이 움트고
꽃잎이 피어나는 속도로
쉬지 않고 오고 있었던 거야 너는
올 때는 조심스럽고 찬란하지만
갈 때는 갑작스럽고 누추하여
배웅 나온 이 없이 외로워도 어김없이
이맘때면 찾아오는 반갑고 반가운 소식이지

봄비

가녀린 손으로

하루 종일

긴 잠에서 깨어나라고

나무들의 어깨를

토닥토닥 두드리고 있다

일몰을 보며

우리는 누구나
다시는 없을 시간을 보냈고
다시는 없을 사람들을 만나
다시는 없을 사랑을 키워왔지만

지금처럼
다시는 없을 내일 앞에
다시는 없을 이 자리에서
다시는 없을 모습들을
이렇게도 아쉬워한 적이 있을까

우리는 그동안
하루하루를 처음인 것처럼 맞이하고
하루하루를 마지막인 것처럼 보냈는가
오늘도 처음인 것처럼 맞이하여
마지막인 것처럼 보내야겠지만

지금 이 자리가 이렇게 진정
다시는 없을 것처럼 여겨짐을
어찌해야 할까요

참새와 봄

입춘 언저리
참새들이 널찍한 관목가지에 모여
해설피 땅위로 깔리는 시간을 쪼고 있다
언제나 왔다 가는 겨울이지만
기다림이 어느 때보다 길었던가 보다
어서 빨리 물러나지 않는 겨울에게
하나 둘 소리를 높이고
소리는 합창이 되고
합창은 다시 함성이 되어
차디찬 하늘로 퍼지고 퍼져
분주하게 모이 찾던 어미 참새들도
철없는 어린 것들까지 손잡고
잠시 일손 놓고 힘을 보태면서
광장은 대세가 되었다
겨울의 발목을 잡은 것은
북극의 온난화가 확장된 탓이며
당신의 사욕이 부른 안개가 구름이 되어

바람 따라 여기저기 어둠의 씨앗을 뿌려
잘 살건 못 살건 어리건 늙었건
물이건 땅속이건 지상이건 하늘이건
온 누리가 주검으로 가득했고
참일랑 저 깊은 어둠속에 숨겨두어
거짓으로 참을 대신하니
세상에 불신이 난무하는 것 아니냐며
관목가지가 넌출지도록 모여 앉았다
곧 오리라는 봄도
어찌 여느 봄과 다르랴마는
찬바람 불고 웅크린 잿빛 겨울보다는
봄은 봄이어서 더 희망차지 않은가
오늘따라 참새들의 지저귐은
겨울을 녹이는 저 광장의 촛불 같고
봄을 맞이하는 저 들판의 새싹 같다

어느 야생화

너를 보러 천마산까지 왔는데
네가 누구인지 좀처럼 모르겠더라

누군가 지어준 너의 이름으로
너에게 맞게 너를 부르지 못하겠더라

낮게 낮게만 자라는 너를 그 동안
몸 낮추어 얼굴 맞대지 못하였더라

작게 작게만 피는 너라고
삶의 지혜마저 좁게 여기면 안 되겠더라

수십 수백 수천의 너는 이렇게
예쁜 얼굴 착한 마음 깊은 사연 가졌더라

이제 너의 모습 제대로 담아
너에게 맞는 너의 이름 불러줘야 되겠더라

출근길에 1

고삐 메인
염소를 생각한다

목장에 풀 적다
불평할 줄 모르고
고삐 끊고
다른 곳으로 갈 생각도 없이

매일 아침
누구보다 일찍 일어나
고삐 길이만큼만 멀리 나갔다가
누구보다 열심히 배를 불려

해가 지면
고삐 메인 곳으로 돌아와
내일 위해 잠드는 염소

출근길에 2

이른 아침 지하철 전동차
맞은편에 빈자리가 생기자
두툼한 옷차림의 남자들 사이로
한 여인이 자기 몸을 쑤셔넣는다 곧바로
세상 고통을
혼자 짊어진 표정으로 눈을 감는다
이내 모가지를 늘어뜨린다
머리가 몸에 달린 것인지
몸이 머리에 달린 것인지
봄바람에 흔들리는 버들가지처럼
앞으로 뒤로 오른쪽으로 왼쪽으로
한참을 정신없이 이리저리 기울고 있다
그녀가 가는 곳은 어디일까
간밤의 어둠이 그녀를 붙잡은 것일까
그녀가 어둠을 붙잡은 것일까
그녀의 알람은 아직 울리지 않았나보다
어디인가 안내방송이 나오자 슬며시

몸뚱아리가 머리를 둘러메고 일어선다
잘 길들여진 말처럼 다리는
목적지를 잘 알고 있는 듯
보이지 않는 레일 위를 걸어가는 것 같다
눈을 뜬 듯 감은 듯 세상 속으로 간다
근심 한 가닥이 뒤를 따라서 간다
손은 더듬지도 않으면서 별 요동도 없이
그녀가 전동차를 나서고
또 다른 그녀들이 빈자리를 메꾼다.
돌아보니 많은 머리들이 대중없이
몸뚱아리 위에서 흔들리고 있다
나도 눈이 감긴다
머리를 몸에게 맡겨볼까
몸을 머리에게 맡길까 어디쯤에선가
웅성거리는 안내방송이 나오고
다리가 목적지까지 데려갈 것이다

출근길에 3

4월 어느 아침
눈꽃 같은 벚꽃 사이로
참새들 분주하다
팝콘처럼 터지는 꽃잎 따라
환희의 말들이 하얗게 쏟아진다
시련 뒤의 화려함이여
어둠은 눈처럼 사라지고
화사한 생기가 꽃향기처럼 퍼진다
깃털처럼 가벼운 몸짓으로
수다스런 즐거움으로
내 마음 같이 가벼운 날개로
오늘 하루도
저 꽃잎 사이를 날아볼까나

제2부

여름

걸어가면

출입구 유리문이 말했다
안녕하세요 오늘은 얼굴이 환하십니다
좋은 일만 가득하시기를 바랄게요
비 온 후 길가에 고인 물이 말했다
하늘이 참 맑지요 하지만
저를 밟지는 마세요 수심이 깊다구요
백화점 건물 벽이 말했다
당신의 걸음걸이는 참 활기찹니다
거기에다 날개를 달면 어떨까요
강물이 말했다
우리 같이 흘러 흘러가자고요
헤어져 되돌아오는 한이 있더라도
강물 속 물고기들이 말했다
더러운 물속에 살지만 저희들 좀 보아주세요
버림받은 기분을 아시나요
강아지가 말했다
몽이는 어디 두고 혼자이신가요

가두어놓지만 말고 바깥바람 좀 쐬어주세요
나무가 말했다
오늘따라 어깨가 축 늘어졌네요
내 그늘에서 쉬었다 가세요
한 동료가 말했다
휴대폰을 많이 하시나 봐요 어제 버스 타고 가다가
여기서 휴대폰 하면서 기다리는 것을 봤거든요
누군가 알 듯 한 사람이
빨간 신호등인데도 횡단보도를 건너가고 있다
전혀 모르는 사람이 내 옆에서
담뱃불을 끄지도 않고 꽁초를 슬쩍 버린다
의자가 눈을 흘긴다

구름 위로

구름 위로 날아올랐다
한 평도 안 되는 창문 너머
누워 발톱만으로도 가려지던
하늘 먼 곳은 언제나 가볍고 편안했는데

훨씬 더 작은 창문으로 내려다보이는
개미집 같은 건물과 건물들
작은 손톱만으로도 가려지는
말벌 집 같은 마을과 마을들
작아도 상상 이상으로 더 커 보이고
커도 상상 이상으로 더 작아 보이는
보이지 않아도 가늠할 수 없이
존재하는 것들에게 숙여지는 머리

행성 속에서 행성의 존재를 알 수 없고
사랑 속에서는 사랑을 알 수 없듯이
구름 속에서는 구름의 존재를 알 수 없는데

뭉게뭉게 피어난다느니
새털 같다느니
물고기 비늘 같다느니 하는 것만으로
어찌 다 말할 수 있을까

그런 구름들이 나를
솜털 위로 떠받쳐줄 줄이야

나무가 살아가는 법

보이지 않는 곳에도
보이는 것만큼이나 발이 넓고 깊어야 한다

어떤 바람에도 흔들림 없이 몸을 가누고
어떤 가뭄에도 목마르지 않게
대지의 가슴 헤집으며 뻗어가야 한다

기름진 흙을 찾아 부지런히, 쉬지 않고
누워있기 싫어 중력 반대방향으로 꼿꼿이
시간의 기둥을 세우고 하늘 향해
수많은, 푸른, 달변의 혀를 내미는 것은
보이지 않는 것들의 위대함이다

뱀처럼 날름거리며 햇살을 삼키고
공기의 코를 간질여 바람을 일으키며
부산한 손짓으로 새들을 부르고
비 오면 강아지처럼 빗물을 홀짝홀짝

태풍이라도 불면 한 소리로 입을 모아
제일 먼저 온몸을 비틀며 소리쳐 알리고
어느 가을, 햇볕에 붉게 탄 모습으로
주저 없이 뿌리에게 돌아가는 혀

겨울, 온몸 움츠려
뿌리조차 수액을 거두어
지난한 인고의 시간을 견딘다
세상 무엇이나
보이지 않는 곳에서 잉태하는 삶은
어찌 아름답지 않으랴

누에의 삶

어머니는 아셨을까 내 삶이
하얀 실을 뿜어내는 누에 같다는 것을
그래서 어린 나에게
개미누에에서 오령누에까지
누에가 먹을 뽕잎을 따오게 했으며
누에치는 방에서 자며
누에가 내는 파도소리에 바다를 꿈꾸게 했을까
까만 개미누에가 어릴 때 나를 닮아
잠을 잘수록 하얗게 되는 모습에
나 자신을 투영하며
네 잠 후에는 섶으로 올라가
나도 하얀 실을 뿜어내겠다 다짐했지
칠판 위에 하얗게 풀리는 실을 꼼꼼히
누에가 뽕잎을 갉아먹듯 받아 감으며
넓은 바다가 되어 하얀 물보라를 일으키는
파도를 꿈꾸었을까 나는
누에의 꿈이 누에고치 되는 것이든
누에고치를 뚫고 우화하는 것이든

누에가 하얀 실을 뽑어 하얀 누에고치 짓듯
내 꿈은 이 세상을 온통 하얗게 물들이는 것
온몸을 실타래 삼아 감아둔 하얗고 하얀 실을
발가벗은 번데기가 될 때까지 풀고 또 풀어
하얗고 하얀 세상 만들어 가는 것

모기장

네모난 집 그
네모의 네모 속에 내가 있다

너를 가두고자 했지만, 결국
내가 갇히고 말았구나

누군가를 가두려고 하면 도리어
내가 갇힌다는 것을 왜 몰랐을까

서슬이 시퍼런 너를 쫓지 못해 차라리
내가 갇히고 만 것은 너를
내 곁에 두기 위함은 아닐 터

너의 끈질긴 구애에 난 진저리 치고
수많은 사각의 망사 틈새로
나를 바라볼 수밖에 없는 너

씨 스루 룩 솟아오르는 욕정이 두려워
난 이렇게
오늘 밤만이라도 너에게서 자유롭자

담배꽁초 1

사랑이라고
다 그런 것은 아니겠지만
어쩔 수 없는 이별이라고 하기엔
너무 함부로 버려진 너는
상처가 얼마나 커서 갈 곳 없이
널브러져 애간장이 터졌느냐 그래
불같은 사랑이었겠지. 네 온몸을 태우며
온통 그의 가슴 속 휘저어 허공으로 후우~
연기로 피어오를 때면 몽롱한
그의 눈에 어리는 상념을 보며 즐거워했고
긴 한숨 속에 근심을 날려 보내는
그 모습이 낭만적이었으리라

일순간 손가락 끝에서 튕겨져 나간
긴 입맞춤 짧은 네 일회용 사랑은
그렇게 무참히 발로 짓이겨져 꺼지거나
꺼지지 않은 채로 버려져 남은 불꽃 끌어안고

바람이 불면 부는 대로 구르다가
어느 호기심 많은 아이 손에서 위로받거나
굶주린 노숙자의 허기진 입에서
마지막 남은 사랑을 불사르거나
양지바른 산비탈 불쏘시개에 옮겨 붙어
걷잡을 수 없는 불장난이 되기도 한다

사랑이라고
다 그런 것은 아니겠지만
어쩔 수 없는 이별이라고 하기엔
너무 함부로 버려진 너는
아무리 하찮은 사랑이었더라도
그의 손이 너를 애무할 때는
자지러지듯 산화하여 재가 되어 흩날려도
부드러운 손가락이 단죄하듯 옥죌 때는
숨 막히는 짜릿함이 정수리까지 치달아 올랐으리라

한순간의 짧은 사랑이었다고 하더라도
그에게는 그의 영혼을 흔드는
불꽃이 아니었던가

담배꽁초 2

사람들이 많이 오가는 횡단보도 근처에
한 사내는 그녀와 진하게 키스 중이다
이윽고 그가 기다리던 택시가 오고
그녀는 획 버려지고 그는 떠난다
버려진 그녀에게서는 아직도
모락모락 연기가 피어나고
그는 벌써 흔적도 없이
가물가물 사라졌다
바람에 밀려나고
빗물에 휩쓸려
어디로 가서
눈 먼 사랑
또 하나를
엮어서
갈까
나
.

매미 1

여름을 그토록 뜨겁게 달구었던
귓속을 파고들어 밤새 여운을 남기었던
그렇게도 요란하게 사랑을 구하였던
그 많던 매미, 매미들의 노랫소리

언젠가 싶도록 뚝 끊겼는데도
세상은
그렇게 조용하지도 않고
그렇게 섭섭해 하지도 않고 또
그렇게 그리워하지도 않는다

아무리 뜨거웠어도
아무리 깊게 여운을 남겼어도 또
아무리 요란하게 사랑했어도
사라지면 그만인 것을

넓은 이 세상에

너 하나쯤 없어진다고
무엇이 그렇게 조용해지고
섭섭해 하고 그리워하겠는가

매미 2

나의 시는 칠년을 망설였다
우화를 겪으며 자신이 생긴 걸까
거대한 마이크 꽉 움켜잡고
아랫배에 힘을 주어 실룩거리며
목소리 낭랑하게 목숨 걸고 낭송한다

나의 시는 흔해빠진 여름 시다
수컷들의 어설픈 구애라고나 할까
숨긴 것 하나 없이 훌훌 다 벗고
누구에겐 즐거움이나 누구에겐 짜증일
눈 먼 시한부 사랑 노래 같다

나의 시는 소리가 크다
소리가 클수록 아름다운 걸까
주변이 시끄러울수록 소음을 뚫고
아직도 알아주지 않는 반쪽에게
나의 사랑을 전해야 한다

나의 시는 내 삶의 전부다
여름 한 철만으로는 짧은 때문일까
누가 들어주든 들어주지 않든
스스로 날 수 있는 날개를 믿으며
이 나무 저 나무, 노래가 필사적이다

매미 3

어느 여름날 이른 아침
커다란 나무 밑 풀 섶 가장자리
등이 갈라진
유충의 껍질을 본다

이것은 필시 나무 위의 누군가
이 행성에 타고 온 우주선
열린 조종석과
몸체에 묻어있는 흙을 보면
간밤에 어둠속을 항행해 막 도착한 외계인

신비롭고 놀라운 광경에 거침없이
높은 데로 올라가 안테나를 꽂고
행성에 무사히 착륙했노라 타전하는 것이다
기쁜 마음을 실어 노래하며 자축하는 것이다

이 아름다운 세상에
여름만 머무는 것이 아쉬운 것이다

누가 씨앗을 쏟아 놓았나

사람들 발길이 잦은 길모퉁이
개울물이 젖어드는 선상지
누군가 이름 모를 씨앗을
이리도 많이 쏟아 놓았는지
연두색 새싹들이 소복이 돋고 있다

다음날 그 다음날 또 그 다음날
빈틈을 비집고 서로 밀치며 자라난다
밀려난 싹들은 차츰 그늘 속에 가려지고
가려진 싹들은 차츰차츰 생기를 잃고
생기 잃은 싹들은 시들어 조락凋落한다

어느새 내가 그 속에 서 있고
내 곁에는 수많은 싹들이 나를 밀치며
내 머리 위로 그늘을 드리우고 있다
나는 이렇게 조락하고 마는가
나도 꼭 누군가를 밀치며
그 누구에게 그늘을 드리워야만 하는가

도시의 빗물

비가 내린다. 시멘트 철갑을 두른 회색빛 이 도시에 비가 내린다 내리는 비는 내릴수록 흙이 그리울까 흙! 흙! 흙! 흐느끼며 흙에 목마른 빗물은 빠르고 빠르다 빨라진 빗물은 노도처럼 넘치고 흘러 닥치는 대로 휩쓸고 지나간다. 흙을 해방하라. 흙을 해방하라. 어느 독재자도 흙을 이렇게도 갑갑하게 했을까 오죽하면 산이 자신의 허리를 잘라 아파트로 돌진했으며 스스로 쓰러져 길을 막았을까 남산에 올라 밤낮 괴로워하는 저들의 신음 소리 북한산 도봉산 청계산 산이란 산으로 흙이 그리워 찾는 저 발걸음, 목을 죄어오는 저 중장비들의 위세, 하늘로만 솟으려 흙을 파헤쳐 가슴 내리 누르는 저 아파트들의 무게에 아파하는 모습 어쩌다 조금씩이라도, 콘크리트 아스팔트 위에라도 본의 아니게 제자리 찾아 그리운 냄새 풍기는 저 흙들과 거리마다 흙과의 소통이 힘겨워 어깨 늘어뜨린 저 가로수들과 떨어진 잎들마저 집 잃은 강아지처럼 갈 곳 없어 헤매는 저 모습들 흙이여 깨어나라 깨어나 한숨 크게 한번 내 쉬려무나 그리하여 민주주의도 일어났으니 내 너의 가슴 억누르는 시멘트 철골들을 뒤집어주마 해마다 너를 찾는 투쟁은 계속되리니 해방의 시간은 멀지 않으리 골목마다 뛰쳐나오는 분노의 흐름이여, 모든 것은 낮은 곳으로 임할 지니 콘크리트 아스팔트길을 헤치고 달려 광장으로 모여라 그 보다 더 낮은 지하통로도 좋다. 앞서간 동료들도 돌아서 역류하고 저들이 쳐놓은 저들의 욕심만큼이나 튼실한 방책이 허접한 구멍들이 오히려 기회가 되고, 항전이 계속되는 한 저들이 심은 대로 저들도 아파하게 되리라 이제 이 거리는 빗물이 빠르게 가득 차 흘러넘치리라 빗물은 방황하는 흙들과 함께 조그만 틈새도 놓치지 않으리라, 그 분노의 흐름이 흙속에 스며들 때까지. 흙이여, 흙! 흙! 흙! 흙이여, 어디에 있는가 콘크리트 아스팔트에 덮여 숨 막히는 흙이여! 고층빌딩들에 가슴 깊숙이 찔려 신음하는 흙이여! 네 오장육부를 헤집어 놓은 지하철의 진동에 날마다 흔들리는 흙이여!

풍란風蘭 1

TV 뉴스에
야생 풍란 자생지가 발견되었단다

남쪽,
바람 많은 바닷가 외진 바위
맑은 바람 불고, 언제나
햇살 따스한 곳
어쩌다 감로수 같은 비가 내려도
금세 바위를 타고 흘러내려
뽀송뽀송해지는 뿌리

온 몸에서 풍기는
고고한 자태와 향기에
넋 나간 인간의 손길이 싫어
아무도 범접할 수 없는
깎아지른 바위 낭떠러지까지 왔지만
질기고 질긴 인연은

그 끈을 놓지 못하는구나

한숨을 짓는다,
다시 멸종을 예견하듯
두려운 마음에 저린 오금 안고
어디로 가야하나 어디로 가야하나
인간들의 발자국 소리에 깜짝깜짝 놀라
더 멀고 후미진 곳으로
숨어드는 너

너에게로 향하는 마음조차도
너를 상하게 하겠구나

풍란風蘭 2

하늘을 사랑합니다.
하늘에 떠다니는 새들도 사랑합니다

바람을 사랑합니다
바람이 실어다주는 비와 눈도 사랑합니다

햇볕을 사랑합니다
햇볕이 만드는 무지개와
동틀 녘이나 해질 녘의 노을도 사랑합니다

소리를 사랑합니다
천둥소리, 새소리, 바람소리, 물소리
산 속의 온갖 동물 소리, 풀벌레 소리

내가 사는 바위와 나무를 사랑합니다
아무도 범접할 수 없는 벼랑이면 더욱 좋겠습니다

그러나 밉고 두려워 피하고 싶은 것,
그것은 바로 인간입니다

장맛비를 보며

어머니는 언제나
끊이지 않는
장맛비 속에 서 계신다

그런 어머니를 보며
우산도 받칠 수 없는
세월이 슬플 뿐

어릴 적 빗속에서 울어 젖히는
청개구리를 비웃었는데
이제는 그 청개구리처럼
그 청개구리보다 더 청승맞게

소리도 내지 못하는
울음을 울고 있다
내가 그 장맛비를 맞으며

제3부

가을

내 생의 가을노래

비가 오고
바람이 불고
낙엽이 집니다.

우주의 시계는
조금도 틀림없이 맞물려 돌아가고
이 행성에도 가을이 깊어가고 있습니다

밤하늘은 더욱 팽팽해지고
우리는 달빛 창가에 앉아
별을 헤는 횟수가 잦아집니다

붉은 단풍은 떨어져
하루가 다르게 퇴색되고 나는
길모퉁이로 밀려나는 내 생의 가을을 주워
책갈피에 끼웁니다

속살을 드러내는 나무
듬성듬성 미련의 잎사귀를 매달고 외로이
바람에 현악기를 탑니다

이제 그대
녹음 짙은 오솔길로 돌아가지 못하네

가을 단상 1

여름 내내 열어두었던 창문을 닫으며
여름은 '열음(開)' 의 소리 나는 표기가 아닐까 생각
하고
여름 내내 열린 열매들을 보며
여름은 열매가 '열음(結)' 의 변형일까도 생각한다

가을엔 나무마다 떠나갈 잎들을 보며
가을은 '갈(去)' 의 늘어진 표기가 아닐까 생각하고
가을 어느 날 벼를 베며 가실한다고 할 때
가을은 '열매를 거둔다(收穫)' 는 뜻일까도 생각한다

여름 내도록 부풀었던 부피를
줄일 대로 줄이는 계절, 줄이다가
수액이 차단되어 피부는 윤기를 잃어도
뜨거웠던 여름 한 철의 열정이 이제야
저 산마루에서부터 활활활 타오르고 있다

가을 지나 겨울엔 방에 머물러 있어야 할 텐데
작은 틈새들을 막는다는 생각에 겨울은
안에 '계시다(留)'는 말과 같은 원형이 아닐까 생각
한다

가을단상 2

분명 누군가 떠나가고 있나보다
맞잡은 손이 떨어져
허공을 휘저어도 미련은 없다
우주의 시계를 따라서 갈 뿐

결별이 없으면 결실도 없는 것
제 할 일 다 한 이별에 슬픔은 없다
만남도 그리 쉬운 일이 아닐 진대
헤어져 떠나는 것이 그리도 쉬울까

사랑한다 사랑한다 사랑한다

손잡고 살랑대며 속삭이던 말들은
한 줄기 바람에 이은
한 줄기 가을비에 사라졌구나

이제 떠날 것들은 다 떠나가고

어깨와 팔과 손은 텅 비었다
지향점 없이 휩쓸리는 낙엽들도
금방 쇠락해지는 가을 언저리에서

가을 하늘

오늘 아침
롯데월드타워가 하늘 속 깊이
곤두박질치며 하늘로
하늘로 빠지고 있었어요

내 머리도
하늘에 잠겼겠지요
금방
푸른 물이 들 것만 같아요

나팔꽃과 달개비가
왜 그렇게
푸른지
이제야 알겠어요

개망초 여뀌 고마리

나는 사실
개망초가 어떤 풀인지는
어머니 가신 뒤에야 알았고
여뀌와 고마리도
아버지 가신 한참 뒤에야 알았다

한여름 뙤약볕 아래
어머니 가신 자리에 쑥쑥 솟아
하얗게 꽃 피우는 개망초
논두렁 어귀 개울 옆에 돋아나
별처럼 피어나는 여뀌와 고마리

왜 그 잡초들이 애처롭지 않았으랴마는
왜 그 꽃들이 예쁘지 않았으랴마는
한 평생 보이는 족족 뿌리째 뽑거나
낫으로 잘라내시며 잡초로부터 논밭을,
우리를 지켜내신 것이다 아버지 어머니는

길 3

여름이 다하는 곳에서 가을이 시작되고
가을이 끝나는 곳에서 겨울이 시작되듯이
당신이 몸을 뉘여 잠을 청할 때
눈 부비며 잠자리에서 일어나는 이가 있고
당신의 여행이 끝나는 곳에서
짐을 꾸려 떠나는 이도 있듯이
당신이 지하철을 내릴 때
얼마나 많은 사람들이
당신이 내린 객차를 메웠던가
뒤돌아 보지마라 당신은
다른 사람들의 꽁무니를 따라가고 있고
수많은 사람들의 맨 앞에 서서 가고 있다
꽁무니라고 헐렁해서도 안 되고 맨 앞이라고
고개를 너무 높이 쳐들어서도 안 된다 당신은
비록 앞서 간 사람들이 밟은 길을 가고
뒤 따라올 사람들이 밟을 길을 가고 있어도
누구에게나 처음 가는 이 길을

함부로 짓밟고 가서는 안 된다
곳곳에 도사리고 있는 돌부리나
누군가 파놓은 웅덩이, 간밤에 허물어져
사라진 곳 있을 지도 모르는 것
그렇다고 너무 웅크리지 마라 또
너무 서두르지도 마라 당신은
당당하고 당당하게 나아가야 한다

나뭇잎 편지 한 장

세상의 나무들은 저마다
봄부터 이슥한 가을까지 편지를 썼습니다
산수유와 진달래 개나리의 전설과
눈처럼 하얀 목련꽃의 겨울 이야기를 썼습니다
벚꽃이나 장미의 향연도 빠뜨릴 수가 없고
날아드는 나비와 꿀벌의 비행에 이어
철새들의 날개 짓에 가슴 설 다고 썼습니다
민들레꽃이 피고 낙하산 같은 그 홀씨가
하늘로 날아오를 때 쯤 멀리 먹구름은
여름을 꿈꾸며 모여들고 후두둑
번개와 천둥은 비를 몰고 와 편지지
한 귀퉁이를 찢을 듯 심술을 부렸습니다
어느 여름날 새벽 젖은 땅을 뚫고 가만가만
나무를 타고 오르는 매미들의 모험과
여름 내내 부르던 그들의 사랑노래도 썼습니다
한 잎 두 잎 편지는 모이고 모여
넓은 하늘을 두툼하고 푸르게 채웠습니다

그늘은 짙어지고 사람들의 잦아진 발길에
풀어헤친 이야기보따리도 담았지만
부칠 곳 없어 쌓이고 쌓인 편지들은
찬바람이 불면서 시들어가는 꽃들에게
눈보라 속에도 건강하라 추심을 붙이고
온 세상에 다가오는 이별을 준비합니다
이별도 아름다워야 한다 그래야 사랑이다
곱게 물들여 단장하고 하나 둘 셋
하늘로 올라 별이 되지는 못했지만
땅에 떨어져 불시착하여도 잠시
함께했던 이들에게 소식을 전합니다
모든 미련 접고 땅으로 유영하며 떨어질 때
바람 불어 사그락 사그락 구르는 소리 들릴 때
떼 지어 길모퉁이로 몰려 발길에 부딪힐 때
어지럽다 끌어 모아 어디론가 실어갈 때
여름날의 추억을 태워 하늘로 피워 올릴 때
주소도 없고 발신인도 없는 빛바랜 편지나마

찬바람 속 따뜻한 눈길 한번 주고 가소서
봄부터 이슥한 가을까지 정성들여 쓴
나뭇잎 편지 한 장 읽어 보소서

도시의 달

외롭다
스산한 바람 불어 낙엽 흩날리면
더욱더 외롭다
그림자도 없다
눈길 주는 사람 하나 없다
어쩌다 마주하는 눈길도
다가가기에는 너무 멀어 보여
이내 시선을 딴 데로 돌린다
언제부턴가 수많은 가로등 네온사인 아래
사람들 기억에서도 멀어졌다
어릴 적 추억도 잊혀져가는 지금
말없이 그냥
도시의 휘황한 불빛을 내려다보며 그래도
주위에 함께하는 무심한 구름이라도 밝히며
주어진 길을 나아갈 뿐

또 하나의 가을

또 하나 가을이 가고 있다
내 생의 가을도 가고 있다

무성했던 여름은
석양을 따라 곱게 물들며 기울고
하나,
둘,
셋,
넷,
다섯,
떨어지는 벚나무 잎은 핏빛이다

화사했던 봄날이여
바람타고 흩날리던 꽃잎이여
여름은 그렇게도 치열했구나

다시는 오지 않을

가을을 걸어가는 사람아
소리 높던 매미 일찌감치 사라지고
굴밤도 알알이 영글어 제풀에 떨어지는데

세상은 저마다 울긋불긋
속마음 내보이며 가을 길을 걸어간다
가난한 겨울을 향해 걸어간다

맛있는 지구

식탁 위에 놓인 쟁반,
그 위에
지구처럼 먹음직스런 사과

누군가 한 잎 베어 물어
행성 한 귀퉁이가 잘려나간
어느 스마트폰 회사 로고 같은 사과

요리할 필요도 없이
허기보다 더 사치스레
구강기의 인간들이 호시탐탐 노리는
먹은 흔적 늘어날수록
잇자국 따라 변색되는 사과

먹기 전과
먹을 때와
먹은 후의 마음이 다르다

앙상하게 갈비뼈 드러내고
초식동물의 주검같이 황량하게 널브러지는,
창의적일수록 아파하고
맛있을수록 절망하는 사과,

지구의 눈물

산수유 열매

지난 봄 무엇보다 먼저
노란 눈빛으로 겨울을 밀어내더니
지금 그 자리에 고추잠자리보다
더 빨간 열매를 맺었구나

꽃이 지고 바람이 불고 구름이 떠오고
비가 오고 햇살이 쏟아지고 이슬을 맞으며
하루 하루 그 많은 날들 빠짐없이
붉은 햇살을 품었나 보다

이 세상 만물들이 겉으로
보이는 것만이 전부가 아닌데
산수유도 속에서는 그렇게
빨간 잉걸불을 태우고 있었구나

그래 그 열정이면
어떤 겨울이든 견뎌내지 못할까

겨우내 제 몸의 열기 식어갈 때
빨강을 노랑으로 바꾸는 화사함이여

애플 데이

사과의 날
사과를 주면서
사과를 받으란다 아무 말도 없이
사과는 살짝 웃음을 머금고
사과하기 수줍은 듯
사과의 얼굴이 상기되어 있다
사과 한다는 것인데
사과를 받으면
사과가 이루어지는 것인가
사과가 예쁘다 받아든
사과를 먹으며
사과하는 마음을, 달콤한
사과를 씹으며 생각한다 그러니까
사과하기 부끄러워, 예쁜
사과를 골라 깨끗하게 씻고 씻고 또 씻어
사과를 주며
사과하는 것

사과도 받고 사과도 먹고
사과에 담겨있는
사과하는 사람의 마음이
사과 같다

인력

어제 저녁 해가
서쪽으로 끌려갔다
출근길 나뭇가지가
땅 쪽으로 더 늘어졌다
사람들은 누군가에게 또는
무엇인가에게 당겨져 저리도 분주하다

바닷가에서는 달이
지구를 끌어당기고
과수원에서는 사과가
땅 쪽으로 출렁거리다 떨어졌다
해가 지면 사람들은 저마나
어디론가 누울 자리로 끌려가고 있다

서있거나 서있다 걷거나
걷다 앉거나 앉았다 눕거나
누웠다 일어나거나 일어나 다가가거나

다가가 안거나 안기거나
새싹이 돋아나거나 잎이 떨어지거나
바람이 불거나 구름이 오가거나
끌고 끌림이며 당기고 당겨짐인 것을

나는 너에게 끌려 너에게로 가고 있고
너는 나에게 끌려 나에게로 오고 있다
우리는 누군가에게 끌려 누군가에게 가고 있고
누군가 우리에게 끌려 우리에게 오고 있다
내가 너에게로 가지 않을 때
네가 나에게로 오지 않을 때
그것은 서로가 끌지 않아서가 아니라
끌어당기는 힘이 약하기 때문이다

벌거벗은 은행나무

나는 보았네
비 오고 바람 불던
어느 늦가을 아침
어제까지도
눈이 부시도록
금빛 찬란하게 노란
비늘처럼 빛나던
은행나무
실오라기 하나 걸치지 않고
벗어놓은
황금색 갑옷을

플라타너스 큰 낙엽 하나

가을비
세차게 내리는 아침

플라타너스 가로수 아래
이미 떨어진
젖은 낙엽들 위로

또 하나, 커다란,
미처 다 물 들지 못해
드문드문 녹색 무늬가 남아있는,
플라타너스 잎사귀 하나

받쳐 든 우산 앞을 지나
중력을 원망하듯
철푸덕 철썩 떨어진다

치열했던 지난여름 쌓아온
빛바랜 욕망을 한 아름 안고서

제4부

겨울

간월도看月島에서

서산 천수만 간월도를 지척에 두고
해송海松사이를 훑고 지나온 갯바람이
거대한 이명耳鳴을 일으킨다
바다는 저 만큼 물러나 있다
행여 파도에 휩쓸릴까
가느다란 밧줄에 걸려있는 빈 배 하나
그때 마침 무학은 이 길을 지났을까
지나서 저 간월암看月庵에 담긴 밝은 달을 보았을까
간밤의 꿈들이 갯바위에 하얀 포말로 부서지고
날물 져 드러난 돌밭 길을 나는
한발 한발 비척거리며 꺼먹눈으로 다가선다
뭍에서의 연緣을 놓을 수 없다.
바다 건너 누군가 들물과 날물을 쥐었다 놓았다
보이지 않는 곳에서도 낮달은 서럽고
벌써 꺼졌을 어두운 삶은 이렇게도 질기다.
맞은 편 황도를 따라 빛 좋은 석양이 지면
간월암에 달이 뜨리라. 달이 뜨리라

갯바위 아낙네는 어리굴젓 노래하고
고기잡이배들은 깃발 펄럭이며 돌아오리라
생生은 이렇듯 즐거운 데
젊은 나이에 먼저 간 사람이 생각난다
홀로 저 바다위에 빈 배로 떠 있더라도
시간이 흐르면 달빛 따라 열리는 징검다리 바닷길
오늘도 간월암에는 사람들 발길 끊이지 않고
꽁꽁 얼어붙은 석정石井에는 간절한 소망들이 다정하다
나도 바람을 마주하며 바다를 향한다

겨울 몽산포에서

태초부터 바람은
바다에서 뭍으로 불었나보다
빽빽한 해송들이,
바람에 밀려 막 상륙해 뭍으로 오르는 듯
바다의 그리움을 온 몸에 담아
거대한 마스게임을 펼치는 듯
멀리 수평선위로 펼쳐질 낙조를 꿈꾸는 듯,
그렇게 비스듬히 누워 한가롭다

지금 겨울의 몽산포
몽상에 젖어 지난여름을 추억하며
허리춤 잔뜩 내리고 섹시하다
굶주린 바다는 멀리 물러나
부드러운 뱃살 드러내며
금세라도 덮쳐올 듯 하얀 갈기 휘날리고
불가사리 조개껍질마저 외로운 갯벌도
조그만 숨구멍만 내놓고 딱딱하게 굳어 가는데

이 매서운 바람을 뚫고
어디서 캤는지 굴을 바르는 두 아주머니
싱싱한 대합, 맛 조개도 담아놓고
기약 없는 주인을 기다리고 있다

백사장이 없다
울창한 송림도 모래바람에 을씨년스럽고
콘크리트 방파제와 계단이 들어서면서
그 좋던 모래가 바닷물에 쓸려간다는
꿈의 바다 몽산포, 그 이름도 무색하게
다가올 여름이 걱정이다

겨울이 왔다

겨울이 왔다
언젠가는 오리라 했던 계절

모두가 바람 한 점 들이지 않으려
문이란 문은 꼭꼭 닫아걸고
틈이란 틈도 꽉꽉 틀어막았다
그 문을 두드릴 용기도 없고
그 틈을 비집고 들어갈 여유도 없어
칼바람이 추는 칼춤에 난도질당한,
붉은 핏빛도 바래서 딱딱하게 굳어버린
퇴색된 갈색 낙엽처럼
차가운 아스팔트를 긁으며
칼바람이 건너 뛰고 갈 만한
으슥한 담벼락 모퉁이는 어디 없을까

벌거숭이로 나다녀도 부끄럽지 않던 시절
밑천 다 내놓고도 응달로 숨지 않았는데

이 겨울 껴입을 만큼 겹겹이 껴입고도
혹시나 칼바람에 드러나지나 않을까
꽁꽁 동여메고 움츠릴 대로 움츠러드는 것은
여름의 열정이 남긴 허망한 흔적 때문일까
무슨 죄에 쫓기어 그리도 황망히
도망가듯 종종 걸음 치는가

어차피 올 것은 오고 갈 것은 간다
움츠려 피하지만 말고
이 겨울을 온몸 가득 받아들이자
생채기가 나더라도 칼바람을 품어보자
바람이 아픔을 주면 그만큼 아파하자
아파서 고통과 설움의 고개를 넘어
새싹 움트는 들판으로 가자

금강산에서

거기에서 나는 티끌,
허공에 떠
바람에 흩날리는 티끌이었습니다

땅 위에 솟은 산
산 위에 솟은 바위
바위 위에 놓인 바위 그 위의 바위들
그 사이를 구르다가 굳어진
수정 같은 얼음들

거기에서 난 티끌,
바람에 날려
어느 후미진 곳에 앉아
삶을 구걸하는 티끌이었습니다

하늘 문을 지나 만물상 가는 길
어렵게 금단의 선을 넘어 예까지 왔건만

바람은 나를 저리 가라하고
잠시도 머물지 말라하며
왜 이제야 와서 또 돌아가야 하느냐고
등을 밀어붙이며 얼굴을 할퀴었습니다

이제야 알 것 같습니다
일만 이천 봉우리가
저렇듯 수정처럼 빛나고
신선이 놀다 바위가 되고
선녀가 내려와 목욕한 이유를

거기서 난 티끌이었습니다
창망한 하늘에 솟아
바람을 다스리는 산
난 어느 바위 틈 한 자리도
차지하지 못할 티끌이었습니다

늦은 귀가 길에

그녀는 언제나
날짜 변경선 주위를 서성거렸다
오늘과 내일이 공존하는
어둠의 장막 때문인지
경계선은 분명하지 않지만
길 위의 움직임과 소리로 짐작했다
휘청거리는 발걸음이
선을 넘어 저만큼 그녀에게로 간다
무박 2일의 여정을
까맣게 지우려는 몸부림일까
선을 지워 '오늘' 퇴근이라는 것을
그녀에게 보여주려는 것일까
별똥별처럼 빠르게 사라지는
시간에 쫓기면서도
그 흔적을 지우려는 것일까
아무도 따라오지 않는 길을
자꾸만 뒤돌아보며

발은 갈지자로 땅바닥을 휩쓴다
오늘은 어제가 되고
내일은 오늘이 되는
그녀의 시간 앞에서
그 오늘이 바로 이 오늘이고
이 내일은 바로 그 내일이 아니냐고
되지도 않는 말을 씨부렁거린다

바람의 비가悲歌

한 때
바람 따라 배회해보지 않은 사람 있을까
바람은 한 곳에 머물지 않아
아무 곳이나 서성이며 혹은 솟구치며 휘돌며
아무 나무나 풀잎이나 바위나 속속들이
애무하고 노래하고 힐난하며 할퀴며

바람은 어느 곳에서나 일어나지
한 장 한 장 넘기는 책장이나
휙 스치며 지나가는 행인의 옷깃이나
쌩 달리는 거리의 자동차나 심지어
훅 내쉬는 입김에서도 일어나지만
심장을 훑으며 가슴에서도 일어나지

바람이 세차게 불면 사람들은
옷자락 부여잡고 자신을 감싸지만
바람이 가슴에서 불면 사람들은 흔히

마음속 깊은 곳까지 내주기도 하는데
태풍에도 그처럼 혼미한 적 있을까
살을 에는 삭풍에 몸을 온전히 지켰어도
가슴 속 작은 바람에는 쉬이 밀리나니

바람은 외롭고 위태롭고 쓸쓸하고 은밀하여
바퀴벌레처럼 컴컴한 골목으로 숨어들어
몰래 가슴 조이며 창문을 두드린다
있지도 않은 사랑이란 이름으로
날이 밝으면 횅하니 사라질 사랑으로
바람은 사랑을 욕되게 하는 것
바람은 사랑을 아프게 하는 것

북풍北風

상강霜降을 지나면서 북풍이 잦아졌다
봄을 지나 여름 동안
북쪽 끝까지 밀리는 서러움에
칼에 날을 세웠나 보다
여름의 무늬들은 서둘러
색깔을 바꾸고 은신처를 찾고
그림자가 길어지면서 생각이 많아졌다
날선 바람이 낙엽을 몰아 골목을 휘저을 때
광장은 텅 비어 있고 개들만이 즐겁다
정면으로 달려드는 바람
칼을 숨기지 않을 것이다 섬뜩하게
지난여름 함부로 보여준
틈이란 틈은 놓치지 않고 찌를 것이다
사지를 자를 기세에
여미고 웅크리며 몸도 마음도 닫지만
세상에 발 뻗지 못하는 영혼들은
추위에 온몸 떨며 난도질당할 것이다

이제 곧 동장군의 식민지가
저 땅속 깊이까지 굳게 발을 내려
나무를 스치는 소리로 위세를 떨치고
가끔씩 내리는 눈을 몰아쳐 제 모습 나타내며
겨울을 다스리고 우리를 겁박할 것이다
태양을 싫어했던 여름을 기억나게 할 것이다
잊지 마라 이 세상은
좋은 것만을 상대할 수도 없고
좋지 않다고 피해갈 수도 없음을
그리고 그 무엇이든 영원할 수도 없음을
해서 우리는 북풍에 맞서야만 할 것이다

서설瑞雪

내 소망은
높은 곳 낮은 곳 얼룩져 흐릿한 곳 없이
온 세상을 하나로 만드는 것
하늘 향해 기도한 꽁꽁 언 땅위에
낮은 소리로 가만가만 내리는 것
풀죽어 들어와 선잠 잔 가장에게
높다란 하늘 끝 하얀 꿈 안기는 것
동짓달과 섣달 사이 적막한 산하를
은은하게 물들여 하얀 쌀떡 짓는 것
분주한 길 인적 끊고 묵상하는 것
아이들 젊은이들 밖으로 내몰아 낭만 속에 잠기는 것
머언 날 그리움을 창문 가득 담아 본 적 있었지.

다 못한 정담이 무에 그리 많아
밤새 뒤척이는 뒤란의 대나무 숲
사그락 사그락 한복 입은 여인의 수줍은 발걸음 소리
마음만 분주하여 행간을 뛰어넘으면

아무도 가지 않은 골목길에 푹푹 찍히는 발자국
가난한 시인이 육필로 써내려간 투박한 문장
머지않아 무수한 눈발이 싸여
흐릿해지고 지워지겠지만
진퇴를 거듭할수록 선명하고 단단해진다.
천천히 녹아 스며들어 나무의 뿌리까지 들썩이리라.

눈 온 뒤에 길을 가본 사람은 다 안다.
처음 가는 길이 얼마나 가슴 두근거리는가를
이 세상 어디에서 이런 원시의 길을 갈 수 있는가를
분명한 것은 눈에 보이는 것이 아니라
발끝으로 더듬어 느껴간다는 것을
내 발이 뒤에 오는 사람의 눈이 된다는 것을

집으로 가는 길

삶이란 집에서 나와 집 아닌 곳을 헤매다가 다시 집으로 돌아가는 것 동지 지난 하루해는 늦게 떠서 일찍 저물고 이 넓은 세상 갈 곳은 오직 하나 아침 일찍 왔던 길을 거슬러 돌아가는 것 주섬주섬 가방 챙겨 겨울바람 막으려 옷깃도 여미고 언제부턴가 거금 들인 자동차는 아파트 주차장에 내버려두고 두 발로 걷는 재미에 빠져 오늘도 찬바람에 얼굴을 맡긴다 싸한 느낌에 신선함을 담고 힘차게 내딛는 걸음걸음 요즈음 들어 빠른 것보다 느린 것이 더 좋은 것은 시간이 주는 체감 시속 50킬로미터를 5킬로미터로 줄이고픈 마음일까 오늘따라 빈틈없는 지하철 서로 부대끼는 겨울옷들이 서걱거리고 저마다의 특이한 체취가 참다못해 옷 사이로 새어나오면 지하철 안은 참으로 짓이겨진 비빔밥이다 위로만 발돋움하는 콩나물시루다 눈 코 입 귀 다 막고 찬바람 휘잉 부는 사막이다 남쪽 바다 수많은 섬들처럼 외로이 떠다니는 다도해다 내 앞에는 30대인 듯한 남자 셋 여자 하나 귀 막고 고개 숙여 스마트폰에 빠져 앞에 서있는 80대 노인 두 분을 알아보지 못 한다 아니 알아보려 하지 않는다는 표현이 좋겠다 어쩌다 고개를 들어봐도 극구 외면하는 모습 어느 날 그렇게 자신이 버린 아기라도 생각하는 걸까 어느 후미진 산동네 독거노인으로 살아가는 할아버지라도 그리는 걸까 지하철을 내리려고 일어선다 오른쪽 왼쪽 망설이다 사람들이 많은 쪽으로 줄을 선다 밀려가는 대로 몸을 맡기고 에스컬레이터를 향해 부채꼴로 몰려들어 포장되는 성냥개비처럼 땅속에서 지상으로 지상에서 땅속으로 지상에서 땅속으로 땅속에서 지상으로 탄천의 칼바람은 가는 길에 어서 집으로 가라고 던져지는 매서운 회초리 두 눈 부릅뜨고 어둠 깔리는 잠수교를 내려다보면 아직도 자맥질하는 어둠 속의 가족 오리 정답게 구구대며 또 하루를 마감한다

쓰레기통

이른 아침 대형 상가 앞
한 할아버지가 쓰레기통을 뒤지고 있다
기역자로 굽은 등에는 몸체만한 배낭을 맨
그는 굶주린 고양이 같다
나와 마주치는 매일 같은 시간
쓰레기통은 분명 그가 출근하는 일터
늙은 그가 잡고 있는 마지막 생명줄 같다

자본주의가 드리운 그림자는
저 쓰레기통 속보다 어둡고 깊다
올 때와 같이 갈 때도 마음대로 갈 수 없어
질긴 삶을 수없이 원망도 했으련만
터널 같지 않게 가느다란 빛도 없는
메말라 버려진 우물 같은 쓰레기통
쉽게 다른 길을 갈 생각도 했으련만 그냥
버려져서는 안 된다고 어둠속을 휘젓는다

쓰레기통 속에 있다고 모두가 다
쓰레기인 것은 아닌 것처럼
쓰레기통을 뒤진다고 모두가 다
쓰레기 인생인 것은 아니다
쓰레기통 밖에 쓰레기들
쓰레기 같지 않은 쓰레기들
쓰레기보다 못한 쓰레기들
쓰레기처럼 언젠가 태워져 버려질 우리들

무심한, 외로운 하늘 아래 오늘도 변함없이
할아버지 등에 붙은 혹은
깜깜한 어둠의 바다에서 건져 올린
반짝반짝 빛나는 깡통을 먹고 자란다
너무 쉽게 버려졌어도 막다른
쓰레기통 속 가느다란 삶의 빛을 잡는다

저수지

그날 저수지는 아무 말 없이
슬픔을 꾹꾹 누르며 꾸역꾸역
하늘에서 내리는 눈을 받아먹기만 했다
눈이 내려 녹은 것인지
산이 골짜기를 이루며 흘린 것인지
퀭한 눈을 글썽일 뿐 하늘만 바라보았다

삶이란 슬픔을 안고 살아가는 것
축복처럼 쏟아지는 눈발도
슬픔에게는 한낱 녹아 더해지는 눈 물 같은 것
티 없이 맑은 하늘을 담아도
드높은 산이 수천 길 물빛으로 곤두박질 쳐도
초점 한번 제대로 맞출 수 없었다

말하고 있는 것이다
물이 흘러온 만큼 슬픔의 깊이도 깊다고
깊은 어둠 속에서는 기쁨도 슬픔과 한 색깔이며

크고 둥근 저 눈도 어둠과 한 색깔이라고
물결이 일까봐 쏟아져 흘러내릴까봐
수면 아래 말할 수 없는 인내를 키우고 있다고

알고 있을까 저수지는
칠흑 같은 밤에도
별들은 쏟아져 내려와 노닌다는 것을
달도 쪽배를 띄우고 뜬 눈으로 밤을 지새며
쉬지 않고 노 저어 간다는 것을

첫눈

무엇이든 처음에는 어설픈가 보다
겨울 새벽 창문을 열면
밤을 새워 기다리기라도 한 듯 성큼
좇아 들어온 바람 같은 첫눈
온 세상을 하얗게 덮지도 못하여 듬성듬성
한적하고 구석지고 높고 차가운 곳을 찾아
다소곳이 겨울의 똬리를 틀고 있었지
때로는 새벽바람에 왔다가 금방
햇살을 받기도 전에 사라지기도 하고
하늘 가득 요정처럼 쏟아지기도 하지
뜨거운 가슴에는 봄을 품고 있어서일까
마음까지 떨리는 냉기를 느끼다가도
환한 미소로 반기는 모습에는
온 겨울을 다 녹일 것 같은 온기를 느꼈어
비와 눈은 간발의 차이라지만
비는 떠날 때의 모습이고
눈은 당연 만날 때의 모습 아닌가

곳곳에 성긴 자리가 춥다
쉽사리 길을 나서지 못하는 발걸음도
이내 녹을 것 같던 두려움도
처음에는 어쩔 수 없이 겪어야 하는 것
연습장에 갈겨쓰는 낙서처럼
미처 자리 잡지 못한 내 마음처럼
낯선 땅 이리저리 헤매는 나그네처럼
제 갈 길 제대로 찾지 못하고
선뜻 땅위에 내려앉지도 못하던
내 첫사랑이여!

하루 1

세상은
어느 불만 가득한 화가의 미완성작
그럴듯하게 구도를 잡은 초벌 그림에
쉴 새 없이 색을 덧칠하는 그는
분주하고 또 분주하여라

시시때때로 변하는 바람
그 바람에 나는 새들
날려 사라지는 구름들
날려 가고픈 깃발
날리며 생각하는 머리카락
날려 주름잡는 물결 그리고 바람
그 바람 뒤의 바람

화가의 붓끝에서 줄타기하듯
긴장하며 움직이는 세상
언제나 미완성으로 끝날 것 같다가도

등에 업은 그림자에 뒤덮여 결국에는
그만 까만 물감을 엎어버린다

그래도 화폭은 살아있다
꿈처럼 까만 하늘에 하나 둘
잿더미 속에서 살아나는 잔불들
화가는 아직도
희망의 끈을 놓지 않은 것이다
충혈 된 눈으로 또 다시 어둠을 지우며
운명 같은 그림을 그려나갈 것이다

하루 2

이 세상

단 한번의

눈

깜박임

비둘기의 성찬盛饌

초겨울 이른 아침
아차산 가는 골목길 어귀
비둘기 두 마리
지나가는 행인들 아랑곳없이
성찬을 들고 있다.
지난 밤 누군가 토악질한 저녁이
저들에게 저렇게 풍성한
아침식사가 될 줄이야
출근길에 이 모습을 보면
그의 가슴속을 뒤집은 근심거리가
조금은 가벼워지려나.

제5부

그리고

걷는다는 것

발이 땅을 끌어당기면 땅은 발을 밀면서 뒤로 나아가지 걷는다는 것은 지구를 돌리는 것이야 다람쥐가 쳇바퀴 돌리듯 우리는 모두 걷고 또 걷지 더불어 지구는 돌아가며 태양 주위를 맴돌지 너도 걷고 나도 걷고 걷다보면 걸음은 빨라지고 급기야는 달려가지 내가 달리면 지구도 달려가는 거야 달리고 달리다보면 더 빨리 달리고 싶어 바퀴를 달고 달려가지 바퀴는 더 빠른 바퀴를 원하고 더 빠른 바퀴는 하늘에 나는 새를 보며 날개를 달고 싶고 결국은 날개를 달고 날아가지 더불어 지구는 날아가고 날아가는 지구는 힘겨울 수밖에 곳곳에 남겨진 상처 돌아볼 틈도 없이 날아가는 관성은 걷기를 거부하고 달리기를 주저하고 상처는 더 큰 상처로 남고 수많은 낙오자들이 그 상처로 신음해도 날개는 더 빨리 날고 싶어 등에 화약을 싣고 날아가지 쭉정이만 남기고 빠져 나가는 원심분리기 돌 듯 과연 빠르면 얼마나 빠를까 얼마나 더 빨라질 수 있을까 얼마나 더 빨라야 욕심이 채워질까 빠른 것만이 능사라지만 빨리 먹는 밥이 체하기도 하는데 혼자 빨리해서 좋을 것은 무엇인가 빠르면 빠를수록 빨리 끝난다는 것은 아는가 우리가 빠르면 지구는 닿지 않은 곳 없이 수많은 상처로 뒤척이고 가슴엔 숭 숭 숭 구멍이 뚫려 숨은 가빠지지 그런 구멍이 얼마나 뚫려야 우리는 날아가기를 멈추고 또 달려가기를 멈추어서 다시 걸어갈 수 있을까 걷는다는 것은 발이 땅을 끌어당기면 땅은 발을 밀면서 뒤로 나아가 결국에는 지구가 내 다리에 감겨 돌아가는 것인데 발에 지구를 느끼며 한발 한발 다함께 나아가는 것인데

길 1

한 사람의 발걸음으로부터만 생겨나는 것은 아니다
한 사람의 노 젓기로부터도 생기고
한 방울의 물로부터도 생기며
한 마리 새의 날개 짓과
한 마리 물고기의 유영
한 번의 곡괭이질로부터도 생겨나는 것이다

끊임없는 파도가 바위를 깎듯
이어지는 무수한 흔적, 흔적들

앞서간 몸짓들의 마음을 따라간 것이다
조금 다르다고 금방 벗어나지 않고
조금 돌아가도 좋다는 아량의 흔적들

온통 눈으로 덮인 겨울을 걸어본 사람은 안다
누군가의 발자국이 나의 등불이 되고
나는 뒤에 오는 사람들의 믿음이라는 것을

더러는 뽑힌 돌부리를 멀리 차 내기도 하고
드리워진 나뭇가지는 한편에 꺾어 치우고
물가에서는 징검다리 놓아
끊어진 곳을 이었던 것이다

먼저 거쳐 간 이들의 지혜가 서린 곳
지나간 이들의 발자국 소리가
저벅저벅, 타다다다, 또각또각, 뚜벅뚜벅,
철버덕철버덕 생생하게 들려온다

나무는 죽어도 살아있다

파주시 지지향紙之鄕
죽은 나무들의 숲이 빼곡하게 살아있다

나무의 하얀 뼈를 갈아 만든 숲
나무는 죽어서도 향기를 물씬물씬
나무 찾은 사람들 눈과 머리와 가슴을 흔든다
나무숲으로 모여드는 사람들
나무 아래에서 나무를 펼치고
나무 사이에서 불어오는 바람을 맞으며
나무가 가리키는 길을 따라서 간다

오호, 죽은 나무의 살아있는 모습이라
바람에 흔들리지 않고 눈비 오지 않는
납골당 같은 나무집에 또 다른 나무
나무 위의 나무 위의 나무
나무 안의 나무 안의 나무
바람이 없어도 살랑살랑 바람을 일으키고

싹트지 않으면서도 쏘옥쏙 싹을 틔우고
움직이지 않으면서도 꿈틀꿈틀 움직이고
수많은 세월, 喜·怒·哀·樂·愛·惡·欲
인고의 삶을 담아 먼 미래의 꿈을 싣고
가져가 행복을 기리는 손길을 기다리며

나무는 죽어서도 이렇게
살아있는 것이다
나무는 이렇게 죽어서도
사람이 할 수 없는 일을 하고 있는 것이다
살아서 하늘을 버티고 서서
사람들을 지키더니
죽어서는 시간을 버티고 서서 이렇게
사람들의 시간여행을 이끌며 살아 있는 것이다

물가에서

잔잔한 물가에 섰다
마음 하나 꺼내어
물위에 던져본다

조용한 파문이
징소리처럼 울려 퍼진다 퍼져서
건너편 둔덕에 부딪히고
발치에도 부딪혀
메아리가 되어 다시 퍼진다

가슴속에도
소리 없는 물결이 일렁인다
이 울렁거리는 울림이
그대에게 다가가
하나의 의미로 되돌아온다면

고개 들어 주위를 둘러본다

아무도 없다
물결이 그냥 잠잠해진다

번지 점프를 하다

순간,
평생 크게 이루어 놓은 것도 없고
높이 올라본 적도 없어
쳐다만 보고 살았는데

열렬한 사랑도 알고 보면 너무 가벼워
수많은 아픔을 남겼고
삶의 무게도 무게가 아니어서
먹었던 마음들이 쉬이 꺾이곤 했었는데

언제나 짧은 기쁨에 파묻혀
어두운 골짜기를 헤매다가
먼 산봉우리를 보며 길을 찾아도
다행으로 치부하며 잠시 즐거워했었는데

그렇게 쳐다보기만 하던 이곳에서
아래를 내려다보는 마음이 이럴 줄이야

넓은 시야 속 하찮은 미물들
손짓하는 모습이 무언가 소리치는 듯한데
커뮤니케이션이 되지 않는다
악몽을 꾸는 듯
두 다리가 사시나무 흔들리듯
손발은 점프대의 기둥을 부여잡고
꼼짝할 줄을 모른다

저 아래쪽으로 뛰어내려
환호하는 이들에게로 간다는 것이
이렇게도 어려운가
잠시 정체성이 흔들린다

하염없이 떨어질 때의 겸손함이여
쓸데없이 솟구칠 때의 짜릿함이여
삶은 이렇듯 예기치 않은 곳에서 가르치는구나
그러니 높은 곳에 사는 이들이여, 가끔씩
번지점프를 해라

벽

누구나 그랬겠지만
나는 벽을 뚫고 태어났다
그때 주위엔 웃음이 넘쳤겠지만 (넘쳤을까)
정작 벽도 울었고 나도 울었다
더 이상 내게 그런 일은 없겠지만
태어난 후에도 나는 벽과 벽 사이에 있었다
벽은 너무 높고 견고하여 좀처럼
넘거나 부수거나 뚫을 수가 없었다
벽은 나를 감싸주었지만 눈을 부라리기도 했고
벽이 있어 편안했지만
벽 너머의 세상을 알기란 쉽지 않았다
어차피 넘어야 할 벽이기에
나도 자라면서 나만의 벽이 필요했다
벽속에 벽을 쌓고 그 벽속에 또 벽을 쌓으며
별것 아닌 나를 꼭꼭 숨기고 또 숨겼다
벽은 넘을수록 점점 더 높고 견고해졌다
벽은 지키기 위한 것 지켜서 힘을 키워

앞으로 지쳐 나아가기 위한 것
상대가 강할수록 높고 튼튼하고
약할수록 낮고 허술한 것
울타리처럼 낮아 넘기도 부수기도 쉬운 벽
길고 높다랗고 웅장하여 달에서도 보인다는 벽
수천 년을 쌓아 꼭대기가 까마득한 벽
보이는 벽보다 보이지 않는 벽이 더 무섭다
투명 유리창에 부딪혀 죽는 새들을 보라
벽속의 벽 그 안의 안에 있는 내면의 벽
그 벽에 부딪혀 희생되는 삶은 또 얼마인가
벽이 있는 곳에 뭔가 내 보일 수 없는 것이 있다
담쟁이 덩굴이 발붙이고 악착같이 오르는 이유
오르고 올라도 공허만이 감도는 것을 왜 모를까
난 오늘도 난간을 타고 벽이 만든 요새로 간다
비밀번호로 숨겨둔 나만의 벽에 난 구멍을 통해
나는 나의 몸을 벽속에 숨긴다

불꽃놀이

놀이라는 것들이 모두 다 그렇지만
터져서 아름답기는 길가의 꽃들만 하랴
떠올라 은은하기는 밤하늘 별들만 하랴
요란한 만큼 생은 짧기만 하고
밝은 만큼 뒷맛은 허망하기만 하여라

저 꽃들을 하늘 높이 피우기 위해
가슴 맺힌 응어리를 쌓아온 지 얼마일까
밤하늘 높이 높이 캄캄하게 솟아올라
짧고도 짧은 생을 반짝 번쩍 피워내어
보는 이들에게 무엇을 바랐을까

꽃받침 없이 피어나는 꽃들 없듯이
그림자 없이 타오르는 촛불 없듯이
삶이 또 다른 주검을 딛고 살아가듯이

어둠 속에서 아름답게 터지는

저 가슴 응어리들
저 소리
저 꽃들 뒤로
묵묵히 사라지는 아픔들이여

살아있는 자들은 모두 죽인 자들이다

너는 아니,
세상 곳곳에 죽음이 널려있다는 거
죽은 나무 죽은 풀 위에서 새 생명이 돋아나듯
하루하루 죽음이 우리 삶을 지탱하고 있다는 거
삶은 죽음을 먹고살고 죽음은 삶을 키워 먹는다는
거 아니
오늘 뉴스도 어김없이 죽음을 얘기하고
식탁에는 돼지고기와 나무열매,
바다고기와 풀들의 시체가 조리 되어 올라와 있다는 거
길에서도 바다에서도 산에서도 들에서도 강에서도
죽고 죽고 또 죽고 또 또 죽고 죽어
새 생명을 키운다는 거 아니

죽는 자가 있으면 죽이는 자도 있는 법
조금이라도 더 살려면 누구나 무엇이라도 죽여야 한
다는 거
입으로도 졸음으로도 연필로도 몸매로도 막대기로
도 돈으로도

죽이고 죽이고 또 죽이고 또 또 죽이고 죽인다는 거
설사 죽이지 않아도 너도 모르게 죽이거나
누군가 죽여 놓은 것을 함께 먹고 죽어간다는 거

알았니,
네가 너를 낳아준 엄마 아빠까지도 죽이고 있다는 거
엄마 아빠도 너를 죽이고 있고
누군가 너를 죽이고 있기 때문에 너는 죽어가고 있지만
사실 너도 너를 죽이고 있다는 거 아니
네가 누구인지도 모르면서 함부로 까부는 네가 미워
다른 네가 너를 죽이지
바퀴 아래나 깎아지른 낭떠러지에서 불귀의 객이 되고
물속으로 뛰어들거나 화염에 싸여 흔적도 없이 사라
지거나
깊은 잠을 자려고 하다가 영영 돌아오지 못하기도
하잖아
세상 누군가의 삶은 곧 알게 모르게 다른 누군가의
죽음이고

누군가의 죽음은 곧 다른 누군가의 삶이지

그런데 아니,
죄가 없는 것들이 더 많이 죽고 있다는 거
어린 우리를 선실에 남겨놓고 왜 도망가느냐고
그런 줄 알면서도 팔짱만 끼고 있었던 사람들
티브이를 보고도 무덤덤히 침묵한 사람들은 뭐냐고
모두가 우리를 죽인 거야 죽이지 않았어도 죽인 거야
꿈속에서 한 아이가 외치던 소리 아니
키우던 닭이 병들었다고
병들지 않은 것들까지도 병이 든 것이나 다름없다고
구덩이에 수만 마리씩 수천만 마리를 생매장시킨 거
아니
숨 쉬는 것들이 땅속에서 그냥 있겠니
막힌 숨을 꾹꾹 참고 참았다가 한꺼번에 솟구쳐 올리면
내장이고 분비물이고 뭐고 할 것 없이 화산처럼 분출되는 것은 아니라도

서서히 스미어 나와 귀신처럼 떠돌다 너를 죽이고 만다는 거
알아 아니 아니 아니 아니 아니

또 아니,
죽이면서 죽이는 거 이상으로 잔인하게 만든다는 거
산체로 입에 넣고 질겅질겅 씹기도 하고 껌뻑거리는 눈을 즐기면서 껍데기를 벗기고 살을 베기도 하고 불에 굽기도 하고 죽인 시체 껍질을 벗겨 다듬어 말리기도 하고 얼리기도 하고 삭히기도 하고 가루로 갈기도 하고 소금에 절이기도 하고 기름에 튀기기도 하고 뼈를 발라서 마디마디 부러뜨리거나 자르기도 하고 삶기도 하고 수 시간 동안 고기도 하고 몇 날 몇 주 몇 달을 발가벗겨 이 집 저 집 돌아가며 있는 거 없는 거 없이 들먹이며 뒷담화로도 죽이는 거 아니

그것도 모자라 냉장고에 죽인 시체를 보관하는 거 알잖아

그러다가 썩기도 하여 미련 없이 버리기도 하지만
냉동실냉장실발효실까지 갖추고 시체를 가득가득 쌓아두고
하나 하나 꺼내 먹는다는 거 아니
혹시 네가 죽임을 당하고 냉장고에 보관되어 있는 거 생각해봤니
냉장실 맨 아래는 너를 발라놓은 고기시체 그 옆에 너의 아내시체 아들시체 딸시체 그리고 아버지시체 어머니시체 그 위에 과일시체 야채시체 요리시체 발효시체 다음은 다른 동물들의 부위별 고기시체 가루시체 잼시체 건조시체 냉동실엔 각양각색의 냉동시체
그래도 그 시체들을 위한 위령비 하나 없잖아
왜 너무 심하다고 그럴 거야 살기위한 것인데 그럴 수도 있겠지
그럴 때마다 그런다면 이 땅은 발 디딜 틈도 없겠지
어차피 우린 무덤 위를 걸어 다니고 무덤 위에서 기도하고 있으니까

그래도 너는 아니,
죽이는 것이 죽는 것보다 더 우대 받는다는 거
글쎄 죽임을 당할까봐 그랬을까
많이 죽이면 죽일수록 영웅이 되었잖아
더 많이 죽이는 쪽이 이겼잖아 생각해 보라고
인간이 왜 만물의 영장인지를 한둘을 죽이면
살인자라 백정이라 처형되거나 손가락질 받았지만
수십 수백 수천을 죽여보라고
이름 난 왕이나 황제들 장수들 위인들
도축장이나 공장 사장들 이 행성의 악명 높은 위정자들
그들 손에 죽은 생명들이 얼마냐고
저 큰 집에 푸른 옷을 입고 수십 년을 할 일 없이
시간만 죽이고 있는 사람들을 보라고
죽였는데도 죽지 않고 있는 거
죽은 사람들을 무시하는, 죽이고 싶지 않은 사람들의
알량한 양심불량 때문 아니냐고
왜 핵무기 핵무기 하는지 아니
핵 핵 거리면서도 핵 핵 핵무기 핵무기 하는 것은

많은 그것도 아주 아주 많은 것들을 한꺼번에 죽일 수 있기 때문이라는 거
핵무기 앞에서는 누구나 벌벌 떨거든
핵무기를 가진 자들도 벌벌 떠니
핵 핵 거리면서도 핵 핵 핵무기 핵무기 하는 거야
이 행성에서 죽일 수 있는 능력이 탁월하면 모두가 벌벌 떤다는 거
알아 아니 아니 아니 아니 아니

그래 살아있는 자들은 모두 죽인 자들이야
죽었어도 죽인 자들이 있겠지만 어쨌든
죽인 자들만 살아남고 살아남은 자가 승자인 거야
승자라지만 알면서도 모르는 척 시치미를 떼고
죽은 자들의 껍질을 몸에 걸치고 내장을 씹으며 맛있어 하고
또 그렇게 죽이며 죽으며 죽으며 죽이며 살아가는 거야 무덤덤하게
주변에 죽음이 아무리 가득해도 그렇게

고통은

고통은
눈에서 녹아
눈물이 되고
입에서 맴돌다
가시가 된다

고통은
가슴에 쌓이고 쌓여
온 몸을 찢고
어느 시누대 위에
촛농처럼 널브러진다

그러다가 고통은
까만 밤
어둠을 통하여
더욱 더 밝은
새날을 밝힌다

샐러리맨의 하루

언제나 양면복사로 입력되어 있다
출발점과 도착점이 같아 대칭을 이루지만
가끔씩 토너의 분출이 일정하지 않아
한 면이 맑으면 다른 면은 흐리기도 하고
한 면이 바람 불면 다른 면은 비가 오기도 한다
거센 자본주의의 바다로 복사되어
쉴 새 없이 허우적거리며 출력되는 하루하루
명明은 종이이고 암暗이 잉크인 세상
어둠 속에서 나타나는 밝음과
밝음 속에서 나타나는 어둠이 서로 닮았다
자신을 내던지기도 하고 받아들이기도 하고
어쩌다 용지추가로 복사기가 멈추면
유리지갑을 털어 텅 빈 배를 채우다가 첨벙첨벙
헛다리를 짚거나 팟홀에 빠져 넘어져도
엄살 부릴 여유도 없이 일어나야 한다 본능적으로
길이 흔들려 종이와 글자가 따로 놀더라도
눈 감고도 갈 수 있는 그 길을

거슬러 더듬으며 마음은 저만치 앞서서
열려있지 않은 문을 두드린다
고삐에 매인 염소처럼
고삐 길이만큼 나갔다 되돌아오는 길
사랑이나 행복이란 이미 너무 사치스러운 것
강아지만이 한결같이
들고 남을 의식하며 꼬리 흔들어 반길 뿐
현관은 동굴처럼 적막하고 적막하다
하루는 언제나 양면으로 출력되지만
돌아오는 발걸음은
통째로 짓밟힌 두부모처럼 뭉개져 있다

섬

바다는 섬으로 가득 합니다
바다는 섬 주위를 떠다니다
바다도 섬이 됩니다

섬은 자신만의 주파수로
다른 섬들과 밤을 지새우며
의미 없는 말들을 주고받습니다
정신 나간 듯 혼자서
웃고울고소리치고손짓하고서성거리며

섬 속에도 섬이 있습니다
섬 속의 섬은 많이 외롭습니다

마음껏 떠다니지 못하고
떠나보낸 메시지에도 메아리는 없고
새 한 마리 날지 않는,
연락선조차도 뚝 끊긴 세상입니다

그 섬으로 가는 길은 있겠지만
길을 나서면 왠지
그 길을 잃을 것 같습니다

수염

시간은
화살처럼 날아가기도 하고
강물처럼 흘러간다고도 하지만
새싹처럼 여드름처럼 돋아나기도 한다

시간은
빠르다고도 하고
원망스럽다고도 하지만
가시처럼 찔러 따갑기도 하고 덕지덕지 붙은
광고처럼 거추장스럽기도 하다

시간은
영화처럼 꿈처럼 허망하기도 하고
고향처럼 연인처럼 그립기도 하지만
비 겐 하늘처럼 어두웠던 터널 끝처럼
청명하고 환하기도 하다

시간은
무색투명하여 보이지 않는다고도 하고
하늘처럼 바다처럼 푸르다고도 하고
서산에 황혼처럼 붉다고도 하지만
눈처럼 파뿌리처럼 하예지기도 한다

시간과 시간 사이
하얗게 변색된 싹들이 돋고
세면대 시간들 아우성치며 빠져나갈 때
주름진 계곡 가뭇한 시간조차
움츠려지고 쪼그라진 살갗을 뚫는다
시간의 궤적을 만든다

에스컬레이터 위에서

난 모르겠네 세상에는
저절로 올라가는 법이나
저절로 내려가는 법이 있는지
바람은 나비의 날갯짓이 일으키고
파도는 물고기의 유영으로 일어난다는데
가만히 서서 귀 기울이면
자전거 페달 밟는 소리에
체인이 팽팽하게 당겨지며
힘겹게 바퀴 돌아가는 소리에
바퀴는 철판을 철판은 사람을 등에 업고
수많은 나사못들이 버티는 소리에
소리와 함께 느껴지는 지진파 같이
발아래 불안함은 여전한데
몸무게를 실은 쿵쿵 깡깡 발걸음이
지진파 역방향으로 작용할 때
저 아래 맨틀은 혼돈 속에서 끄르릉 대며
안간 힘을 발휘하다 그 힘은 다시

나사못의 지지력에 스트레스가 되어
언젠가 딸꾹질 같은 발판의 반란
그 자리에 꼼짝없이 철커덕 멈출 때
앞으로 뒤로 내팽개쳐지거나
싱크 홀 속 낭떠러지로 떨어지거나
비탈길 따라 넘어져 구르거나
그런 것은 난 모른다고 쿵쿵 깡깡
발판을 구름판 삼아 구르며
뛰거나 걷지 말라는데도 기어이
뛰거나 걷는 이들은
발아래 느껴지는 쇠 갉는 소리와
지진파 같은 흔느낌이 싫어서 일까
어느 공장 컨베이어벨트 위에 놓인
돼먹지 않은 상품이라 생각해서 일까
앞서 있는 사람들을 비집고라도
뛰거나 걸어서 오르내린다
뛰거나 걷지 않으면 안 되는

그 무엇엔가 쫓기는 듯이
할 일 많은 사람이라 어쩔 수 없다는 듯이
앞으로 나아가야만 하는 길에
뛰거나 걷지 않는 것은
얼마나 사치스럽고 죄스러우냐는 듯이

연못에게

흐르는 것은 강물만이 아니라고 했던가
강물처럼 흘러가는 세월의 어귀
피고 지는 것은 꽃들만이 아니었구나
세상은 쉬지 않는 강물처럼 머물지 않는데
머무는 것들은 피어날 일도 없었을까

돌아볼 겨를 없이 살아온 것은
머무는 것들에 대한 무관심이었어라
난 네가 그 자리에 머물러 있다 여겼고
머무는 것은 미덕이 아니라 생각했어
난 거침없이 바다를 찾아 흘러왔지만
원하지도 않은 어느 강어귀에서
너와 나 사이에 놓인 너무나 먼 길을 바라본다

내가 이 자리에 머물거나 조금이라도
— 마음으로나마 — 거슬러 오르면
너와 나 사이가 한결 가까워져

그때는 몰랐던 것들을 걷어버리고
지금 알고 있는 것들로 꽃 피울 수 있을까

넌 머무는 것이 아니었는데
졸졸졸 흐르는 개울물을 담아
물고기 철새들 모여드는 늪을 만들고
요란하지 않으면서도 예쁜 물꽃을 피웠는데
넌 내가 미쳐 가질 수 없는 깊이와 넓이
그보다 더 커다란 평온을 담고 있는데

난 강물을 따라 그리도 분주하게 찾던
드넓은 바다에 이르지도 못하고
그리움에 해안선만 부여잡고
밤새 울먹이는 하얀 파도가 되었구나

삶은 필경 그리움을 먹고 사는 것
난 너를 그리워하고

넌 나를 그리워하리니
머물러 있어도 흐르는 너나
흐르고 있어도 머물고픈 나나
수없이 많은 자신만의 꽃을 피워 가는 것
피웠다가 또 질 수밖에 없는 것
세상은
머문다고 해서 머물기만 하지 않고
흐른다고 해서 흐르기만 하는 것이 아님을

지하철에서의 명상

수많은 사람들이 내 옆자리를 거쳐 갔듯 나도
수많은 사람들 옆자리에 깃든 적 있고
수많은 사람들이 내 앞에 서서
내가 일어나기만을 기다렸듯 나도
수많은 사람들 앞에 우두커니 서서
그들이 일어나기를 기다려 본 적 있었지

내가 자리를 차지하고 있을 때
내 옆자리에는 이왕이면
어느 멋진 여자나, 남자라도
덩치 작고 냄새 나지 않고
다리를 쩌억 벌리거나 신문을 보며
내 앞을 가리고 팔이나 어깨를
누르지 않는 사람이기를 바랐듯 내가
빈자리에 앉을 때 그 옆자리의 사람도
나와 같은 마음이었으리

어쩌다 빈자리가 있어도 사람들이
내 옆자리를 외면하고 지나쳐 갈 때
내 존재가 외로워져 맥없이 무너지듯
내가 그 빈자리를 지나쳐 갈 때
그 옆자리의 사람도 나와 같은 마음이었을까

지금 내 옆자리의 나이 지긋한 아저씨
쏟아지는 졸음을 내 어깨 위에 올려놓는데
나도 이처럼 누군가의 어깨 위에
나의 하루를 온통 기대어 본 적 있을 터
아주, 아주 잠시 그의 무게를 느끼다
난 자리를 고쳐 앉는다, 나도 모르게

참된 사랑

하늘을 우러러 보기가 쉽지 않은 것은
나에게 묻은 티끌이 너무 많아서 일까
앞서간 발자국 위에 내딛는 내 발자국이
너무 많은 먼지를 일으키기 때문일까
사람마다 무슨 죄가 그리도 많아
저 하늘이 저리도 퇴색되었단 말인가

참을 거짓이라 말하고 거짓을 참이라 말하여
참이 참인지 거짓이 거짓인지
알 수 없는 이 세상
모두가 다 나를 사랑해야 하고
나는 모두를 사랑하지 않으려 하는 이 세상
누구나 쏟아내는 배설물이 하늘을 가려
자신의 부끄럼마저도 비춰볼 수 없구나

사랑을 한다는 것은 대신에
다른 누군가를 사랑하지 않는다는 것이 아니다.

사랑을 쌓아 간다는 것은 그런
사랑의 냄새나는 퇴적물들이 모여
썩어가는 것이 아니다
하나를 사랑한다는 것은 더불어
모든 것들을 사랑하는 것이요
그렇게 쌓은 사랑은 온 세상과 함께
웃을 수 있는 것이어야 한다

사랑하자 사랑하자 사랑하자

가끔씩 하늘을 우러러
나에게 묻은 티끌을 털어내며
그때마다 하늘이 말해주는 색깔로
사랑이 얼마나 참되었는지 생각하면서

튜닝

한 여자에게 자동차가 있다
명품의 반열에 드는 귀한 차였지만
얼마를 타다가 마음에 들지 않는 곳이 보였다
그래도 순정품이 좋다는 지인의 말을 뒤로하고
전조등 등화착색, 고광도 엘이디 장착
자신감이 충만해졌다 거울 보듯
요리조리 자동차를 빙빙 둘러보다
범퍼가 허약해보여 양악 수술하듯
불법이지만 스타일리쉬하게 갈아버렸다
사람들이 자신의 차를 몰라보기도 했고
혹시라도 알아보는 양이면 예쁘다고
그것은 그만큼 더 그녀를 달뜨게도 했다
점점 그녀는 대담해지고 급기야는
외관 변경, 엔진 개조에다가
핸들과 머플러까지도 바꾸어 요란하게
사람들의 이목을 끌었다 번호판도
가리고 다녀야 할 지경이었고

사람들은 그녀의 자동차를 몰라보았다
드디어 자동차의 외관은 경직되고 어색하고
임기응변에도 능하지 못한 것이
이제는 순정이 아니었다 순간
자신이 너무 멀리 왔다는 생각이 들었고
출고 당시를 생각하면
틀림없는 괴물이 되어있었다, 그녀는

폭포

하늘에서 떨어져 바다로 가는 길이기에
바다로 가서 또 하늘로 가는 길이기에
이까짓 것 무에 그리 대수겠는가
망설임 없이 그냥 길 가듯 할 수는 없어도
수천 길 낭떠러지에
몸을 내던져 봄직도 하지 않은가
번지 점프 해본 사람은 알고 있느니
나를 저 허공중에 맡긴다는 것은
얼마나 많은 망설임과 도전이 필요한지를
그런 뒤에 온몸으로 느껴지는
떨어짐이 얼마나 매력적인가를
결과야 떨어져 깨어지든
떨어져 다시 일어서든
떨어지는 것들은 분명 날개가 있다
무수히 떨어지는 저 물줄기가
연거푸 펼치는 저 하얀 날개 나부끼며
대지의 가슴에 요란하게 안기는 저 물보라

드.디.어.바.다.로.가.는
저 물들의 끝없는 진격
물들은 알고 있다
낮은 곳으로 흘러야
더 넓은 곳으로 갈 수 있고
그 길엔 언제나 있는 낭떠러지에서
수많은 낙하 후에야
닿을 수 있는 곳이 바다인 것을 그리고
그 바다로 가야 바다보다 더 넓은
하늘로 올라 우주까지도 내다볼 수 있다는 것을

프로크루테스의 침대*

당신이 강도가 아니라고 해도
당신은 강도가 아닌 것이 아니다

당신을 지나치는 얼마나 많은 사람들을
당신의 침대에 눕혀 맞지 않으면
당신의 침대에 맞게 우악스런
당신의 힘으로 그들을 늘이거나 잘라냈던가

당신의 가슴에서 일어나는
당신의
당신에 의한
당신만을 위한 삶이 부메랑처럼
당신에게로 돌아온다는 것을 아는가

당신이 강도가 아니라고 해도
당신은 강도가 아닌 것이 아니다

---

* Procrutes: 그리스 전설에 나오는 엘레오시스 근처에 살았던 도둑으로 철 침대 위에 자기가 잡아온 사람들을 눕히고 침대의 길이에 맞게 다리를 늘이거나 잘라내어 죽였다.

할 일 없이 생각만 많아진다

새삼 계절은 왜 자꾸만 왔다가 가는지
새들은 무엇이 그렇게 할 말이 많은지
꽃들은 피었다가 왜 금방 떠나야 하는지
바람결에 떨어지는 나뭇잎들이
슬퍼 보이는 이유가 무엇인지
내 곁에 모든 것들은 점점점 사라져 가고
사라져 간 것들은 왜 돌아오지 않는지
강물은 아래로 아래로 흐르는데 왜
사람들은 위로 위로만 오르려 하는지
바람 부는 숲속에 서면 나무들은
왜 그리도 서성거리며 수군대는지
거울 앞에 설 때마다 너는 누구냐고
육신을 빌려 자리 잡은, 왜 그 육신도
마음대로 조절하지 못하냐고 묻는지
너와 나는 어떤 인연이어서 이렇듯
험한 세상에서 만나 하나가 되었는지
담쟁이덩굴은 왜 저렇게

가파른 담벼락만을 올라야 하는지
나의 가을은 다 끝나가고 있는데
겨울은 어떻게 맞이해야 하는지
더 이상 나의 봄은 정녕 있을지 없을지
돌아올 거면서 왜 여행은 떠나야 하며
어차피 죽을 것인데 왜 그렇게
아등바등 살아야 하는지
저 거미줄에 걸린 소나무 삭정이 가지도
이 세상에 머무는 재미를 즐기고는 있는지
이 가을날 땅에 떨어져 구르는
저 알밤들의 운명은 누가 결정하는지
사춘기 지난 지가 언제 인데
할 일 없이 생각만 많아진다

행복은

행복은
구름처럼 떠도는 것도 아니고
바람처럼 불어오는 것도 아니다

행복은
강물처럼 흐르는 것도 아니고
눈처럼 휘날리는 것도 아니다

행복은
부자일수록 많은 것도 아니고
가난할수록 적은 것도 아니다

행복은
억지로 찾는다고 오는 것도 아니고
찾지 않는다고 안 오는 것도 아니다

행복은

밝고 높은 곳에만 있는 것도 아니고
어둡고 낮은 곳이라고 없는 것도 아니다

행복은
공부만 잘한다고 오는 것도 아니고
공부 못한다고 안 오는 것도 아니다

행복은
자신이 하는 일에 만족하고
분에 넘치지 않는 마음속에 무지개처럼 피어난다

흡연吸煙의 법칙

아침에 일어나면 바로 피울 것 식사 후에 꼭 피울 것 한가하고 생각에 잠길 때도 낭만적으로 피울 것 길 가면서도 피울 것 스트레스 받으면 피울 것 술 마실 때 피울 것 화장실에서 큰 일 볼 때도 피울 것 잠자리에 들기 전에 피울 것 꿈속에서도 피울 것

피울 땐 우선 내가 뿜는 그 어떤 연기도 담배가 타면서 내는 그 어떤 생 연기도 나에게로 오지 않게 할 것 주위 그 어떤 사람에게도 미안해하지 말 것 담배 피는 사람이 있으면 즉시 합세할 것 아무리 바쁜 일이 있어도 피워야 할 때는 만사 제쳐놓고 피울 것

다 피운 후에 꽁초는 반드시 아무 곳에나 버리고 곧바로 침을 뱉을 것 시치미 뗄 것 가능한 한 과감하게, 염치없게, 뻔뻔스럽게 버린 꽁초로 인해 발생하는 결과에 연연하지 말 것 담배 연기든 꽁초든 참으로 이기적이지만 자신을 떠나면 그만이라 생각할 것

산이 사찰이 집들이 불에 타 재가 되고 옆에 있던 아내와 자식이 난데없이 중병에 걸려 쓰러져도 내 가슴 속 답답함이 그러했노라고 생각할 것 그리고 피우고 피우고 또 피울 것 피울 수 없을 때까지 피울 것